Mit Bärlauch kochen

Fleisch, Gemüse, Eintöpfe und vieles mehr

Mit Bärlauch kochen

Fleisch, Gemüse, Eintöpfe und vieles mehr

Vorwort

Kein anderes Kraut hat in den letzten Jahren einen solchen Siegeszug in die Küchen von Hobby- und Profiköchen angetreten wie der Bärlauch. Ob in Suppen, Soßen, Quark- und Frischkäsezubereitungen oder in Salaten, ja selbst in der Backstube – der Bärlauch ist ein Allrounder geworden. Bärlauch als Multitalent ist rundum einsetzbar und soll vor allem gesünder sein als sein bekannter Bruder, der Knoblauch. Schon unsere Großmütter kannten die positive Wirkung dieses Krauts. Überliefert ist ein alter Spruch, der diese Tatsache belegt und nach dem man sich doch eigentlich auch richten könnte. „Iss Bärlauch im Mai, dann haben die Ärzte bis ins nächste Jahr frei!" Doch nicht nur unsere Großmütter, auch aus der Heilkunde vergangener Tage kennen wir solche Aussagen. So schrieb ein Schweizer Pfarrer im 19. Jahrhundert über den „Wildknofi": „Wohl kein Kraut der Erde ist so wirksam zur Reinigung von Magen, Gedärmen und Blut wie der Bärlauch."

Vom Bärlauch werden in der Küche meist die bis zu 15 cm langen Blätter verwendet. Diese Blätter sind lanzenförmig und dunkelgrün und zeichnen sich durch den unvergleichlichen Knoblauchduft aus. Der Unterschied zum Knoblauch besteht darin, dass der Bärlauch nur nach Knoblauch schmeckt und riecht und nicht wie dieser auch nach dem Essen noch seine Spuren hinterlässt. Vielleicht mag dieser Aspekt auch mit ein Grund sein, warum der Bärlauch mittlerweile öfter in der Küche eingesetzt wird als der Knoblauch.

Schon ab Anfang April kommt der Bärlauch in den Handel und wird als Pflänzchen für den Kräutergarten auf der Fensterbank oder in Schalen von 125- bis 500-g-Gebinden angeboten. Gut verpackt und verschlossen lässt er sich im Kühlschrank mehrere Tage aufbewahren.

Bärlauch gilt als delikates Wildgemüse, -kraut oder -gewürz. Aufgrund seines intensiven Geschmacks empfiehlt es sich, ihn nicht in zu großen Mengen den Speisen beizugeben, sondern immer in mäßiger Dosierung. Gerade in Salaten sollte der Bärlauch im richtigen Verhältnis zu den anderen Zutaten stehen, damit Sie eine geschmacklich ausgewogene Rezeptur erhalten und der Bärlauchgeschmack die anderen Zutaten nicht überdeckt. Junge Triebe vor der Blütezeit sind im Geschmack noch sehr fein und mild und sollten für die Gerichte verwendet werden, in denen der Bärlauch roh verarbeitet wird. Die Blätter dagegen, die während und vor allem nach der Blüte geerntet werden, haben ihr volles Aroma ausgebildet und sollten eher „verkocht" werden. Jetzt eignet sich der Bärlauch besonders gut für Soßen und Suppen, aber auch für die Zubereitung von Spätzle, Nudeln, Kartoffel- oder Semmelknödeln.

Wir haben Ihnen im vorliegenden Buch unsere besten Rezepte zusammengetragen, damit auch Sie einfach und schnell mit Bärlauch kochen und Ihre Familie oder Gäste mit leckeren und gesunden Bärlauchgerichten verwöhnen können. Lassen Sie sich in unsere Bärlauchküche entführen!

Ihre Redaktion

Einleitung

Der Bärlauch (Allium ursinum) ist eine Art aus der Gattung der Allium und somit verwandt mit Schnittlauch, Zwiebel und Knoblauch. Im Volksmund wird der früher als würzendes Küchenkraut verwendete Lauch auch Wilder Knoblauch, Waldknoblauch, Hexenzwiebel, Wilder Lauch, Latschenknofel, Ränsel, Rams, Ramsell, Waldlauch oder Zigeunerlauch genannt.

Bärlauch-Quarkpizza (Seite 27)

Kartoffeltascherl mit Bärlauchfüllung (Seite 42)

Bärlauchfrikadellen mit Kartoffelhaube (Seite 45)

Im Volksglauben heißt es, dass Bären nach dem Winterschlaf nach dem vitaminreichen Kraut suchen und es, wie die Kühe, besonders gern fressen.

Beschreibung

Aus einer schlanken Zwiebel entspringen im zeitigen Frühjahr 2–3 lanzettliche, samtgrüne Blätter. Ihr durchdringender Knoblauchgeruch schließt eine Verwechslung mit Maiglöckchenblättern, die zur selben Zeit an gleichen Orten und mit sehr ähnlichen Blättern erscheinen, ganz sicher aus. Etwas später, Ende April, treibt die Zwiebel einen bis zu 30 cm hohen, kahlen Blütenstiel, auf dem eine größere Anzahl weißer, gestielter Sternblüten eine kugelartige Krone bilden. Auch ihr Geruch ist durchdringend knoblauchähnlich. Die Pflanze neigt dazu, ganze Teppiche zu bilden. Ihre schwarzen Samen werden von Ameisen verschleppt, die dadurch für eine gleichmäßige Vergrößerung des Pflanzenbestandes sorgen. Der Samen keimt erst im nächsten Frühjahr aus, obwohl er schon Ende Juni reif ist.

Bärlauch kommt wild in fast ganz Europa und Nordasien in schattigen Auen und Auwäldern sowie an bewaldeten Nordhängen vor, ist aber mittlerweile auch vielfach in Gärten in Kultur anzutreffen. Er ist ein Nährstoffzeiger, schätzt tiefgründige und humose, lockere, anhaltend feuchte Lehmböden und meidet Sandböden. Seine Vorkommen stehen oft ausgedehnt und dicht.

Besonders häufig tritt er in Buchenwäldern auf und ist in seiner natürlichen Verbreitung an geschützte Standorte gebunden. In diesen Wäldern bedecken die Blätter des Bärlauches im zeitigen Frühjahr den gesamten Waldboden. Märzenbecher, Gelbstern, Scharbockskraut oder Aronstab bilden mit ihm seltene Planzengemeinschaften; in gestörten Ökosystemen ist er mit Buschwindröschen und Brennnessel anzutreffen.

Erntezeit

Gesammelt werden Bärlauchblätter vor der Blüte, die Zwiebeln im Herbst.

Bedeutung, Inhaltsstoffe

Unter anderem wirken die Blätter abtreibend auf Würmer und sind schwach gefäßerweiternd. Bärlauch wirkt günstig auf die Verdauung und regelt sowohl Durchfall als auch Verstopfung. Er ist gut bei Arterienverkalkung und hohem Blutdruck, lindert Wassersucht und Lungenverschleimung. Schlecht heilende Wunden heilen rasch ab, wenn sie mit dem Saft der Blätter eingerieben werden. Der Saft reinigt das Blut und klärt unreine Haut. Da die Wirkung in frischem Zustand am stärksten ist und bei Lagerung schnell nachlässt, lohnt sich das Sammeln nur zum Frischverzehr. Man kann Bärlauchblätter frisch, wie Schnittlauch oder Petersilie, auf Brot, zu Salaten und ungekocht in Suppen verzehren, ihn wie Spinat zubereiten oder mit Brennnesselblättern vermischen, um den scharfen Geschmack zu mildern. Die Zwiebeln werden wie Knoblauch verwendet. Magenempfindliche Personen sollten Blätter oder Zwiebeln klein geschnitten mit warmer Milch übergießen, zwei bis drei Stunden ziehen lassen und diese Flüssigkeit schluckweise trinken.

Bärlauch in der Küche

Der Bärlauch ist eigentlich eine altbekannte Gemüse-, Gewürz- und Heilpflanze, die aber seit einigen Jahren eine Renaissance erlebt. Besonders in der modernen Küche haben vor allem die Modeköche diese Pflanze wieder entdeckt, und es gibt mittlerweile fast keinen dieser Köche, der nicht sein ganz besonderes Gericht kreiert hat. Die Pflanze ist zwar komplett essbar, genutzt werden aber vorwiegend die Blätter, frisch als Gewürz oder Gemüse in der Frühjahrsküche. Bärlauch verliert durch Erhitzen wertvolle Geschmacksstoffe und büßt seinen hohen Vitamin-C-Gehalt ein. Vor allem aber werden durch die Hitzeeinwirkung die schwefelhaltigen Stoffe verändert, welche für Geschmack und Heilwirkung maßgeblich sind. Daher wird empfohlen, Bärlauch lieber klein geschnitten und roh unter Salate oder in die fertig gekochte Speise zu mischen.

Wenn Sie größere Mengen Bärlauch gekauft oder geerntet haben, sollten Sie ihn einfrieren oder zu einem Pesto verarbeiten. Hierfür werden 2–3 Schalotten geschält, fein gewürfelt und in wenig Olivenöl angedünstet. Mit dem Saft von einer Zitrone und 75 ml Weißwein die Schalotten ablöschen und kurz dünsten. 200 g Bärlauch verlesen, waschen, gut abtropfen lassen, sehr fein hacken und mit 100 g fein geriebenen Mandeln und 100 g frisch geriebenem Parmesankäse unter die Schalotten rühren. Das Ganze vom Herd nehmen, erkalten lassen und im Mixer oder mit dem Pürierstab pürieren. Zum Schluss 300 ml Olivenöl trop-

Putenrollbraten mit Frischkäsefüllung (Seite 48)

Flammkuchen mit Bärlauch (Seite 52)

Bierkutscherpfanne mit Bärlauch (Seite 56)

Pfefferlachs mit Honig-Bärlauch-Soße (Seite 63)

fenweise einrühren, bis eine cremige Substanz entsteht. Anschließend mit Salz und Pfeffer kräftig abschmecken. Das Bärlauchpesto in dekorative Gläser füllen, luftdicht verschließen und zum Verzehr bereitstellen. Mit einem solchen Bärlauchpesto sind Sie für alle Gerichte bestens gerüstet und können Ihre Lieben und Gäste mit dieser Köstlichkeit verwöhnen.

Bärlauch in der Heilkunst

Bereits die Römer kannten den Bärlauch als „Herba salutaris", was so viel bedeutet wie Heilkraut, und schätzten ihn als magen- und blutreinigendes Mittel.

Vorsicht beim Sammeln

Bärlauch wird beim Sammeln immer wieder von Pflanzenunkundigen mit dem Maiglöckchen und den im Frühjahr austreibenden Blättern der Herbstzeitlosen verwechselt. Beide anderen Pflanzen sind äußerst giftig, die Vergiftungen können dabei tödlich sein. In der Blütezeit lässt sich insbesondere das Maiglöckchen an der Blütenform (Glocken, keine Sterne) leicht vom Bärlauch unterscheiden. Vor allem aber riechen nur Bärlauchblätter beim Zerreiben nach Knoblauch. Eine Pflanze, deren Blätter nicht nach Knoblauch riechen, ist kein Bärlauch, sondern wahrscheinlich eine der beiden giftigen Pflanzen. Die Blätter des Bärlauchs sind lang gestielt und kommen einzeln, wenn auch dicht nebeneinander, aus dem Boden. Maiglöckchen haben meist 2–3 Grundblätter an kurzen Stielen, und die Herbstzeitlose bildet mehrere Blätter an einem Stängel aus. Der Stielansatz des Maiglöckchens ist rötlich, der des Bärlauchs nicht. Die Blätter des Bärlauchs knicken leicht ab, Maiglöckchen und Herbstzeitlose hingegen haben sehr biegsame, fast „gummiartige" Blätter.

Die Blätter der Herbstzeitlosen haben auf der Rückseite nicht die deutlichen Rippen des Bärlauchs. Maiglöckchen stehen eher an trockenen Standorten. Die Verwechslung in der Natur ist mit der Herbstzeitlosen auf feuchten Wiesen schon wahrscheinlicher.

Wie bei allen bodennahen Pflanzen besteht auch beim Bärlauch die Gefahr einer Verunreinigung durch die Eier des Fuchsbandwurms. Um eine Infektion sicher zu verhindern, müssen die Blätter gut abgewaschen und für fünf Minuten über 70 °C erhitzt werden. Unwirksam sind dagegen Tiefgefrieren oder Einlegen. Roh sollte Bärlauch nur verzehrt werden, wenn er aus geschlossenen Kulturen vom Gärtner kommt, nur dann haben Sie die Gewähr, dass er nicht verunreinigt ist. Naturbewusste Sammler ernten den Bärlauch in freier Natur nur für die jeweiligen Mahlzeiten und gefährden die Bestände nicht durch rücksichtsloses Sammeln. Bärlauch ist zwar keine bedrohte Art, aber stellenweise im Bestand zurückgegangen. Daher wird empfohlen, beim Sammeln darauf zu achten, dass von einzelnen Pflanzen nur wenige Blätter mitgenommen werden, um sie nicht zu schwächen. Es ist auch nicht ratsam, die Bärlauchzwiebeln auszugraben, da auch so die Bestände dezimiert werden und es nicht gesagt ist, dass die Zwiebel in Ihrem Garten anwächst. Bodenbeschaffenheit und Pflege der Pflanze sind für das Gedeihen sehr wichtig. Wenn Sie die Blätter sauber mit einem Messer abschneiden und nur wenige Blätter von einer Pflanze abnehmen, dann hat die Pflanze eine Chance zu überleben und kann im nächsten Jahr neu austreiben.

Bärlauchgeist:
Um das ganze Jahr über Bärlauch im Hause zu haben, bereitet man einen Bärlauchgeist, indem man frischen Bärlauch klein geschnitten in eine Flasche locker einfüllt und mit 40%igem Korn auffüllt. Der Bärlauchgeist soll 14 Tage in der Sonne stehen. Man kann täglich 4-mal 10–15 Tropfen in Wasser einnehmen.

Bärlauchgeist, regelmäßig eingenommen, verhilft zu ausgezeichnetem Gedächtnis und beugt Arterienverkalkung vor. Der Bärlauchgeist enthält viel Vitamin C, außerdem schwefelhaltige ätherische Öle, denen man verschiedene Heilwirkungen nachsagt.

Mit Bärlauch kochen

Fleisch, Gemüse, Eintöpfe und vieles mehr

In der Küche können alle Teile des Bärlauchs verwendet werden. Die kleine scharfe Zwiebel wird wie frische Wurzeln der Frühlingszwiebel verarbeitet und zum Würzen von verschiedenen Gerichten gebraucht. Die Knospen und Blüten der Pflanze verleihen Salaten und Brotaufstrichen ein delikates Aroma und sorgen zudem für etwas frische Dekoration. Die recht harten Blattstiele schmecken fein gehackt und gedünstet wie feines Wildgemüse.

Am vielseitigsten lassen sich die Blätter mit ihrem lauchigen, knofligen Aroma gebrauchen, die vielen Gerichten eine besondere Note verleihen. Geschmacklich ähnelt der Bärlauch seinem nahen Verwandten, dem Knoblauch. Bei der Dosierung der Blätter sollten Sie immer erst mal vorsichtig sein. Je nach Geschmack mag einer das Aroma lieber intensiv und kräftig, ein anderer lieber milder. Tasten Sie sich beim Würzen vorsichtig ran und probieren Sie zwischendurch einmal. Beachten Sie zudem, dass die Intensität des Bärlauchgeschmackes beim Kochen abnimmt. Die empfindlichen Blätter sollten immer möglichst frisch und schonend verarbeitet werden.

In der kalten Küche passt fein geschnittener Bärlauch hervorragend zu jeder Art von Brotaufstrichen, Kräuterbutter und Dips. Mit den aromatischen Blättern lassen sich auch Salate und Quarkspeisen delikat würzen. Als erstes Frühlingsgrün können Sie es fein geschnitten über Rührei, Omeletts oder Suppen streuen. Der aromatische Bärlauch gibt aber natürlich auch vielen Soßen, Pfannkuchen, verschiedenen Aufläufen, Gemüse- und Kartoffelgerichten einen besonderen Geschmack.

Sehr empfehlenswert sind die frischen Bärlauchblätter als Grundzutat für würziges Pesto, mit welchem Sie jedes Pastagericht veredeln können. Dazu brauchen Sie eine große Handvoll Bärlauchblätter, feines Olivenöl, einen Hartkäse wie Parmesan oder Pecorino, Knoblauch, Kerne wie Pinienkerne und Gewürze. Alle Zutaten werden klein geschnitten und püriert, mit Olivenöl aufgegossen und mit den Gewürzen abgerundet. Dieses schmackhafte Pesto eignet sich natürlich auch hervorragend als Marinade für Fleisch. In diesem Kochbuch finden Sie die unterschiedlichsten Ideen, wie Sie Bärlauch verwenden können. Probieren Sie die Rezepte aus und Sie wer-

Bärlauchsuppe
mit Kartoffeln und Speck

Zutaten für 4 Personen:

600 g Kartoffeln
2–3 EL Butter
1 Zwiebel
2 Knoblauchzehen
750 ml Gemüse- oder Fleischbrühe
2 Lorbeerblätter
1 EL Pfefferkörner
1 TL Pimentkörner

1 TL Kümmel
Salz, Pfeffer aus der Mühle
1 Prise Cayennepfeffer
1 Prise Muskat
100 g fein geschnittener Bärlauch
200 g Crème fraîche oder saure Sahne

Außerdem:
125 g durchwachsener, geräucherter Speck
Bärlauchstreifen zum Garnieren

Zubereitung:

1. Die Kartoffeln schälen, waschen und in Würfel schneiden. Die Butter in einem Topf erhitzen.

2. Die Zwiebel und die Knoblauchzehen schälen, in feine Würfel schneiden, ins Fett geben und glasig schwitzen. Die Kartoffeln dazugeben und kurz mitschwitzen.

3. Die Gemüse- oder Fleischbrühe angießen. Die Lorbeerblätter, die Pfefferkörner, die Pimentkörner und den Kümmel in einen Gewürzbeutel geben und in die Suppe legen.

4. Die Suppe mit Salz, Pfeffer, Cayennepfeffer und Muskat kräftig abschmecken und bei mäßiger Hitze 15–18 Minuten köcheln lassen.

5. Etwa 200 g Kartoffeln herausnehmen und als Einlage bereitstellen. Den Gewürzbeutel aus der Suppe nehmen und den verlesenen, gewaschenen, fein geschnittenen Bärlauch hinzufügen.

6. Die Suppe im Mixer oder mit dem Pürierstab pürieren, in einen Topf geben und erneut erhitzen. Die Crème fraîche oder saure Sahne einrühren.

7. Die Kartoffelsuppe nochmals abschmecken. Den in feine Würfel geschnittenen Speck in einer Pfanne auslassen.

8. Die Einlage in die Suppe geben und heiß werden lassen. Die Suppe dekorativ anrichten, mit den gebratenen Speckwürfeln bestreuen, nach Wunsch mit Bärlauchstreifen garnieren und sofort servieren.

Tomatensuppe
mit Bärlauchcreme

Zutaten für 4 Personen:

800 g Tomaten
200 g Schalotten
2 Knoblauchzehen
1 rote Chilischote
2–3 EL Butter
2–3 EL Haferflocken
100 ml Weißwein
400 ml Gemüsebrühe
Salz, Pfeffer aus der Mühle
1 Prise Zucker
4 cl Sherry medium

Außerdem:
1 Becher süße Sahne
100 g Schmand
75 g Bärlauch
Bärlauchstreifen und Basilikumblättchen zum Garnieren

Zubereitung:

1. Die Tomaten enthäuten, entkernen und in Würfel schneiden. Die Schalotten und die Knoblauchzehen schälen und fein würfeln.

2. Die Chilischote putzen, halbieren, entkernen und fein hacken. Schalotten, Knoblauch und Chili mit der Butter in einem Topf kurz anschwitzen.

3. Die Haferflocken darüberstreuen, die Tomaten dazugeben, den Weißwein und die Gemüsebrühe angießen und das Ganze zum Kochen bringen. Die Suppe bei mäßiger Hitze 10–15 Minuten garen.

4. Anschließend die Suppe im Mixer oder mit dem Pürierstab pürieren. Die Suppe erneut erhitzen, mit Salz, Pfeffer, Zucker und Sherry medium abschmecken.

5. Die Sahne mit dem Schmand und dem verlesenen, gewaschenen und grob gehackten Bärlauch vermischen und im Mixer oder mit dem Pürierstab pürieren.

6. Die Tomatensuppe dekorativ anrichten, die Creme über die Suppe ziehen, diese mit Bärlauchstreifen und Basilikumblättchen garnieren und sofort servieren.

Brotsalat
mit Bärlauch

Zutaten für 4 Personen:

1 Baguette, 75 ml Olivenöl
2–3 Knoblauchzehen
1 Zwiebel, 4 Tomaten
50 g Bärlauch
Salz, Pfeffer aus der Mühle
1 Prise Cayennepfeffer
1 Prise Korianderpulver
1 Prise Kreuzkümmelpulver
Saft von 2 Zitronen
1 Prise Zucker
75 ml Weißwein oder Apfelsaft
2 Salatherzen
200 g dünne Scheiben gekochter Schinken
Bärlauch zum Garnieren

Zubereitung:

1. Das Baguette in 1 cm dicke Scheiben schneiden. Das Olivenöl mit den geschälten, fein gehackten Knoblauchzehen in eine Pfanne geben und erhitzen.

2. Die Baguettestücke ins Knoblauchfett geben, rösten, herausnehmen und bereitstellen.

3. Die Zwiebel schälen und in Ringe schneiden. Die Tomaten enthäuten, achteln, mit dem verlesenen, gewaschenen und fein gehackten Bärlauch zu den Zwiebelringen geben und vermischen.

4. Das Brot hinzufügen, durchschwenken, mit Salz, Pfeffer, Cayennepfeffer, Koriander und Kreuzkümmel kräftig würzen.

5. Den Zitronensaft mit etwas Zucker und dem Weißwein oder Apfelsaft in eine Schüssel geben und verrühren. Mit Salz, Pfeffer und Cayennepfeffer würzen.

6. Die Salatherzen verlesen, waschen und in mundgerechte Stücke zerpflücken. Die Schinkenscheiben in Streifen schneiden und mit dem Brot dekorativ in Schalen oder auf Tellern anrichten.

7. Den Brotsalat mit dem Dressing beträufeln, mit Bärlauch gar-

Radieschensalat mit Edamer und Bärlauch

Zutaten für 4 Personen:

50 g junger Bärlauch
je 1 rote und gelbe Paprikaschote
1 Stück Salatgurke
2 Bund Radieschen
100 g Kopfsalat
75 g gefüllte Oliven
200 g Edamer Käse

Für das Dressing:
200 g saure Sahne
100 ml süße Sahne
3 EL Tomatenketchup
2 EL mittelscharfer Senf
Salz, Pfeffer aus der Mühle
1 Prise Cayennepfeffer
1 Prise Zucker

Zubereitung:

1. Den Bärlauch verlesen, waschen und gut abtropfen lassen.

2. Die Paprikaschoten halbieren, entkernen, waschen und in feine Streifen schneiden.

3. Die Salatgurke waschen, halbieren und in dünne Scheiben schneiden. Die Radieschen putzen, waschen und ebenfalls in Scheiben schneiden.

4. Den Kopfsalat verlesen, waschen, gut abtropfen lassen und in mundgerechte Stücke zerpflükken.

5. Die Oliven halbieren oder vierteln, den Edamer Käse in Würfel schneiden.

6. Die Salatzutaten in eine Schüssel geben, vorsichtig miteinander vermischen und dekorativ auf Tellern anrichten.

7. Für das Dressing die saure Sahne, die süße Sahne, den Tomatenketchup und den Senf in eine Schüssel geben und glatt rühren.

8. Das Dressing mit Salz, Pfeffer, Cayennepfeffer und Zucker kräftig abschmecken, gleichmäßig auf dem Salat verteilen und diesen sofort servieren.

Roastbeef

mit Bärlauchcreme

Zutaten für 4 Personen:

800 g Roastbeef ohne Fettrand
Salz, Pfeffer aus der Mühle
Butterschmalz zum Braten

Für die Bärlauchcreme:
250 g Crème fraîche
50 g Bärlauch
1 Prise Cayennepfeffer
einige Tropfen Zitronensaft
einige Tropfen Worcestersoße

Außerdem:
Salatblätter, Gurkenscheiben und Tomatenrosen zum Garnieren
Zwiebelwürfel und Bärlauchstreifen zum Bestreuen

Zubereitung:

1. Das Roastbeef unter fließendem Wasser waschen, trocken tupfen, mit Salz und Pfeffer kräftig würzen. Das Butterschmalz in einer großen Pfanne erhitzen und das Roastbeef darin von beiden Seiten Farbe nehmen lassen.

2. Das Roastbeef in den auf 200 °C vorgeheizten Backofen schieben und je nach Dicke des Fleisches 20–30 Minuten braten.

3. In der Zwischenzeit die Crème fraîche in eine Schüssel geben und glatt rühren. Den Bärlauch verlesen, waschen, fein hacken und unter die Creme rühren.

4. Die Bärlauchcreme mit Salz, Pfeffer, Cayennepfeffer, Zitronensaft und Worcestersoße abschmecken.

5. Das fertig gebratene Roastbeef aus dem Ofen nehmen, in Alufolie wickeln und vollständig auskühlen lassen. Anschließend das Roastbeef in hauchdünne Scheiben schneiden.

6. Die Roastbeefscheiben auf Tellern dekorativ mit Salatblättern, Gurkenscheiben und Tomatenrosen anrichten, mit Zwiebelwürfeln und Bärlauchstreifen bestreuen, die Bärlauchcreme dazugeben, garnieren und sofort servieren.

Gemüsetopf
mit Bärlauchklößchen

Zutaten für 4 Personen:

Für die Klößchen:
300 g Brät, 1 Ei
2 EL Semmelbrösel
1 Zwiebel
50 g Bärlauch
Salz, Pfeffer aus der Mühle
1 Prise Cayennepfeffer

1,5 l Gemüse- oder
Fleischbrühe

Außerdem:
4 große Kartoffeln
je 1 gelbe und grüne
Paprikaschote
500 g Karotten
1 kleine Zucchini
1 Prise Muskat
2 EL Madeira oder Sherry
50 g Bärlauch

Zubereitung:

1. Für die Klößchen das Brät mit dem Ei in eine Schüssel geben und abschlagen. Die Semmelbrösel dazugeben und kräftig unterrühren.

2. Die Zwiebel schälen und sehr fein würfeln. Den Bärlauch verlesen, waschen, fein hacken, mit der Zwiebel unter das Brät rühren und das Ganze mit Salz, Pfeffer und Cayennepfeffer kräftig würzen.

3. Die Gemüse- oder Fleischbrühe in einem Topf erhitzen. Aus der Brätmasse Klößchen abstechen, diese in die kochende Brühe geben und bei mäßiger Hitze 10 Minuten gar ziehen lassen.

4. Die Brätklößchen aus der Brühe nehmen, gut abtropfen lassen und bereitstellen. Die Kartoffeln schälen, mit einem Kugelausstecher Kugeln ausstechen, diese in die Brühe geben und 10 Minuten garen.

5. Die Paprikaschoten halbieren, entkernen, waschen, gut abtropfen lassen und in Würfel schneiden. Die Karotten schälen, waschen, in Scheiben schneiden, mit den Paprikawürfeln zu den Kartoffeln geben und ebenfalls 10 Minuten garen.

6. Die Zucchini putzen, waschen, in mundgerechte Stücke schneiden, zu den Kartoffeln geben und das Ganze weitere 10 Minuten köcheln lassen.

7. Den Eintopf mit Salz, Pfeffer, Muskat und Cayennepfeffer kräftig abschmecken und mit Madeira oder Sherry verfeinern. Die Brätklößchen hinzufügen und das Ganze nochmals vorsichtig erhitzen.

8. Den Bärlauch verlesen, waschen und klein schneiden. Den Gemüsetopf dekorativ anrichten, mit dem Bärlauch bestreuen und sofort servieren.

Bratkartoffelsalat
mit Bärlauch

Zutaten für 4 Personen:

600 g bissfest gegarte Pellkartoffeln
1 EL Schweineschmalz
200 g durchwachsener, geräucherter Speck
1 Zwiebel
Salz, Pfeffer aus der Mühle
1 EL Kümmel

Außerdem:
2 Salatherzen
250 g Kirschtomaten
1 Zwiebel
einige Tropfen Obstessig
einige Tropfen Olivenöl
100 ml süße Sahne
200 g saure Sahne
2–3 EL mittelscharfer Senf
50 g Bärlauch
1 Prise Zucker
junger Bärlauch zum Garnieren

Zubereitung:

1. Die Pellkartoffeln schälen und in Scheiben schneiden. Das Schmalz in einer Pfanne erhitzen und den in Würfel geschnittenen Speck darin auslassen. Die Kartoffeln zum Speck geben und braten.

2. Die Zwiebel schälen, würfeln, zu den Kartoffeln geben und mitbraten. Das Ganze mit Salz, Pfeffer und Kümmel kräftig würzen.

3. Die Salatherzen in Stücke zerpflücken, waschen, gut abtropfen lassen und bereitstellen.

4. Die Kirschtomaten waschen, vom Strunk befreien und halbieren. Die Zwiebel schälen und in Ringe schneiden.

5. Die Pellkartoffeln mit Speck auf Tellern dekorativ anrichten, den Salat, die Tomatenhälften und die Zwiebelringe darauflegen. Das Ganze salzen und pfeffern, mit Obstessig und Olivenöl beträufeln.

6. Die süße Sahne mit der sauren Sahne und dem Senf glatt rühren. Den gewaschenen, fein geschnittenen Bärlauch einrühren, mit Salz, Pfeffer und Zucker kräftig abschmecken und den Salat damit beträufeln.

7. Den Salat mit jungem Bärlauch garnieren und sofort servieren.

Liptauer Brotaufstrich
mit Bärlauch

Zutaten für 4 Personen:

150 g Crème fraîche
300 g Sahnequark
1 Zwiebel
½ Salatgurke
1 Paprikaschote
3 Essiggurken
50 g Bärlauch
1 Röhrchen Kapern
3–4 Sardellenfilets
75 g weiche Butter
1 TL gemahlener Kümmel
1 EL Paprikapulver edelsüß
Salz, Pfeffer aus der Mühle
1 Prise Cayennepfeffer
1 Prise Zucker

Außerdem:
Radieschenröschen und Bärlauchblätter zum Garnieren

Zubereitung:

1. Die Crème fraîche mit dem Quark in einer Schüssel glatt rühren. Die Zwiebel schälen und fein würfeln.

2. Die Salatgurke waschen, halbieren und das Kerngehäuse mit einem Teelöffel herausschaben. Die Gurke in feine Würfel schneiden.

3. Die Paprikaschote halbieren, entkernen, waschen, gut abtropfen lassen und fein würfeln. Die Essiggurken würfeln.

4. Den Bärlauch verlesen, waschen, gut abtropfen lassen und fein schneiden. Die Kapern und die Sardellenfilets waschen, gut abtropfen lassen und fein hacken.

5. Die Zutaten mit der Butter unter den Quark mischen. Mit Kümmel, Paprika, Salz, Pfeffer, Cayennepfeffer und Zucker kräftig abschmecken.

6. Den Liptauer Brotaufstrich dekorativ anrichten, mit Radieschenröschen und Bärlauchblättern garnieren und sofort servieren.

Bärlauchbrötchen

Zutaten für 8 Stück:

250 g Mehl
½ Würfel Frischhefe
130 ml lauwarmes Wasser
50 g in Öl eingelegte getrocknete Tomaten
50 g Bärlauch
25 g Schmalz
1 EL Malz
½ TL Salz

Zubereitung:

1. Das Mehl in eine Schüssel sieben und eine Mulde eindrücken.

2. Die zerbröckelte Hefe mit etwas lauwarmem Wasser glatt rühren, in die Mulde geben und mit etwas Mehl verrühren.

3. Zugedeckt an einem warmen Ort 10 Minuten gehen lassen.

4. Die eingelegten Tomaten auf Küchenkrepp abtropfen lassen und würfeln.

5. Den Bärlauch verlesen, waschen, abtropfen lassen und fein schneiden.

6. Das Schmalz in Flöckchen auf das Mehl setzen, das Malz dazugeben, das Salz darüberstreuen und alles mit dem restlichen warmen Wasser zu einem glatten Teig verkneten.

7. Die Tomaten und den Bärlauch hinzufügen und unterkneten. Den Teig zugedeckt an einem warmen Ort zur doppelten Menge aufgehen lassen.

8. Den Teig auf einer bemehlten Arbeitsfläche kräftig durchkneten und acht Brötchen abdrehen.

9. Die Oberfläche der Brötchen kreuzweise einschneiden und die Brötchen nochmals kurz gehen lassen.

10. Die Bärlauchbrötchen auf ein mit Backpapier belegtes Backblech setzen und in dem auf 180–200 °C vorgeheizten Backofen 20–25 Minuten backen. Anschließend herausnehmen und vor dem Verzehr vollständig erkalten lassen.

Nussrösti
mit Bärlauchquark

Zutaten für 4 Personen:

1 kg Kartoffeln
50 g gehackte Paranüsse
50 g gehackte Haselnüsse
100 ml Milch
50 g Mehl, 4 Eier
Salz, Pfeffer aus der Mühle
1 Prise Muskat
1 Prise Cayennepfeffer
Butterschmalz zum Ausbacken

Für den Bärlauchquark:
375 g Sahnequark
125 g Knoblauch-Crème-fraîche
50 g Bärlauch
1 rote Paprikaschote
einige Tropfen Zitronensaft
einige Tropfen Worcestersoße

Außerdem:
Paprikawürfel, Radieschenscheiben und Bärlauch zum Garnieren

Zubereitung:

1. Die Kartoffeln unter fließendem Wasser abbürsten, schälen und fein reiben.

2. Die gehackten Paranüsse und Haselnüsse mit der Milch, dem gesiebten Mehl und den Eiern dazugeben und alles zu einer glatten Masse verrühren.

3. Die Masse mit Salz, Pfeffer, Muskat und Cayennepfeffer kräftig abschmecken.

4. Butterschmalz erhitzen. Die Masse portionsweise einfüllen, flach drücken und auf beiden Seiten goldgelb ausbacken.

5. Für den Bärlauchquark den Sahnequark mit der Knoblauch-Crème-fraîche in eine Schüssel geben und glatt rühren.

6. Den verlesenen, gewaschenen und klein geschnittenen Bärlauch und die entkernte, gewaschene, gewürfelte Paprikaschote untermischen.

7. Den Quark mit Salz, Pfeffer, Cayennepfeffer, Zitronensaft und Worcestersoße abrunden.

8. Die Nussrösti mit dem Quark dekorativ anrichten, mit Paprikawürfeln, Radieschenscheiben und Bärlauch garnieren und sofort servieren.

Schinkenhörnchen
mit Bärlauch

Zutaten für 4 Personen:

1 Packung TK-Blätterteig (450 g)

Für die Füllung:
100 g gekochter Schinken
2 Schalotten
50 g Bärlauch
75 g Doppelrahmfrischkäse
1 Eigelb
Salz, Pfeffer aus der Mühle
1 Prise Muskat
1 Prise Cayennepfeffer

Außerdem:
Wasser und 50 g flüssige Butter zum Bestreichen
je 1 EL Sesam und Mohn zum Bestreuen
Bärlauchblätter zum Garnieren

Zubereitung:

1. Den Blätterteig nach Packungsanweisung auf einer Arbeitsfläche auftauen lassen und die Rechtecke einmal diagonal – von der oberen linken Ecke zur unteren rechten Ecke – halbieren.

2. Für die Füllung den Schinken in sehr feine Würfel schneiden und in eine Schüssel geben.

3. Die Schalotten schälen, fein würfeln und zum Schinken geben.

4. Den Bärlauch verlesen, waschen, fein hacken, mit dem Doppelrahmfrischkäse und dem Eigelb hinzufügen und alles zu einer glatten Masse verrühren.

5. Die Masse mit Salz, Pfeffer, Muskat und Cayennepfeffer kräftig abschmecken und je einen Klacks auf die breite Seite der Blätterteigdreiecke geben.

6. Die Blätterteigdreiecke von der breiten Seite her zu Hörnchen aufrollen, diese auf ein mit Wasser benetztes Backblech setzen und mit Wasser und flüssiger Butter bestreichen.

7. Jeweils die Hälfte der Hörnchen mit Sesam und Mohn bestreuen und die Schinkenhörnchen im auf 220 °C vorgeheizten Backofen 25 Minuten backen.

8. Die fertig gebackenen Hörnchen aus dem Backofen nehmen, auf ein Kuchengitter setzen und erkalten lassen. Anschließend auf Tellern dekorativ anrichten, mit Bärlauchblättern garnieren und sofort servieren.

Bärlauchspätzle

Zutaten für 4 Personen:

500 g Mehl
100 g Bärlauch
6 Eier
Salz, Pfeffer, Muskat
evtl. 2–3 EL Milch
Salzwasser zum Garen
2–3 EL Butter
200 ml süße Sahne

Außerdem:
gebackene Zwiebelringe
Salatblätter und Tomatenecken zum Garnieren

Zubereitung:

1. Das Mehl mit dem blanchierten, gehackten Bärlauch und den Eiern in eine Schüssel geben, mit Salz, Pfeffer und Muskat würzen und zu einem kompakten Teig verarbeiten. Dabei bei Bedarf noch etwas Milch zugeben.

2. Das Salzwasser zum Kochen bringen und den Teig portionsweise mit der Spätzlepresse hineindrücken.

3. Sobald die Spätzle oben schwimmen, mit einer Schaumkelle herausnehmen und in kaltem Wasser abschrecken. Abtropfen lassen und auf einem Küchentuch leicht abtrocknen lassen.

4. Die Butter in einer Pfanne erhitzen und die Spätzle darin braten. Die Sahne angießen, durchschwenken und das Ganze mit Salz und Pfeffer kräftig abschmecken.

5. Die Bärlauchspätzle mit Salatblättern und Tomatenecken garnieren und mit gebackenen Zwiebelringen sofort servieren.

Bärlauch-Quarkpizza

Zutaten für 4 Personen:

Für den Teig:
125 ml lauwarmes Wasser
20 g Frischhefe, ½ TL Zucker
250 g Mehl, ½ TL Salz
50 ml Olivenöl
Fett für die Formen
Mehl zum Bestäuben

Außerdem:
50 g Bärlauch
250 g Magerquark
50 ml Olivenöl
1 TL gerebelter Oregano
2 Eier
Salz, Pfeffer aus der Mühle
1 Prise Muskat
1 Prise Cayennepfeffer
4 Tomaten
250 g geriebener Pizzakäse
Bärlauchblätter zum Garnieren

Zubereitung:

1. Das lauwarme Wasser mit der zerbröckelten Hefe und dem Zucker in einer Schüssel verrühren. 10 Minuten zugedeckt an einem warmen Ort gehen lassen.

2. Das gesiebte Mehl, das Salz und das Olivenöl zum Vorteig geben und die Zutaten zu einem glatten, kompakten Teig verkneten. Zugedeckt an einem warmen Ort zur doppelten Menge aufgehen lassen.

3. Den Teig auf einer bemehlten Arbeitsfläche in der Größe eines Backbleches oder von zwei Pizzaformen ausrollen.

4. Den Teig in die ausgefetteten, mit Mehl bestäubten Formen legen und einen Rand hochziehen. Anschließend erneut 10–15 Minuten gehen lassen.

5. Den Bärlauch verlesen, waschen, gut abtropfen lassen und fein schneiden. Den Magerquark mit dem Olivenöl, dem Oregano, dem Bärlauch und den Eiern in einer Schüssel glatt rühren.

6. Mit Salz, Pfeffer, Muskat und Cayennepfeffer kräftig würzen und gleichmäßig auf dem Teig verstreichen.

7. Die Tomaten waschen, den Strunk herausschneiden, die Tomaten in Scheiben schneiden und auf der Quarkpizza verteilen.

8. Mit geriebenem Pizzakäse bestreuen und im auf 220–230 °C vorgeheizten Backofen auf der untersten Schiene 20–25 Minuten backen.

9. Die Quarkpizza herausnehmen, dekorativ anrichten, mit Bärlauchblättern garnieren und servieren.

Risotto
mit Bärlauch

Zutaten für 4 Personen:

400 g Risottoreis
3–4 Schalotten
2–3 EL Olivenöl
200 ml Weißwein
ca. 800 ml Gemüse- oder Fleischbrühe
200 ml süße Sahne
1 TL geriebene Zitronenschale
Salz, Pfeffer aus der Mühle
1 Prise Cayennepfeffer
einige Tropfen Zitronensaft
einige Tropfen Worcestersoße
75 g geriebener Pecorino
100 g Bärlauch

Außerdem:
Kräuterzweige zum Garnieren
Tomatenwürfel und Bärlauchstreifen zum Bestreuen

Zubereitung:

1. Den Risottoreis unter fließendem Wasser waschen und gut abtropfen lassen.

2. Die Schalotten schälen und würfeln. Das Olivenöl in einem Topf erhitzen und die Schalotten darin kurz anschwitzen.

3. Den Reis dazugeben und mitschwitzen. Den Weißwein angießen, zum Kochen bringen und unter ständigem Rühren und mehrmaligem Angießen der Brühe in 20 Minuten garen.

4. Nach der Hälfte der Garzeit die Sahne angießen.

5. Die Zitronenschale untermischen und den Reis mit Salz, Pfeffer, Cayennepfeffer, Zitronensaft und Worcestersoße würzen.

6. Nach Ende der Garzeit den geriebenen Pecorino mit dem verlesenen, gewaschenen und klein geschnittenen Bärlauch unter das Risotto ziehen und weitere 5–6 Minuten gar ziehen lassen.

7. Das Risotto mit Bärlauch nachwürzen und anschließend dekorativ anrichten.

8. Mit Kräuterzweigen garnieren, mit Tomatenwürfeln und Bärlauchstreifen bestreuen und sofort servieren.

Spaghetti
mit Bärlauchpesto

Zutaten für 4 Personen:

300 g Spaghetti
Salzwasser zum Garen
einige Tropfen Olivenöl

Für das Pesto:
1 Bund Basilikum
100 g Bärlauch
2–3 Knoblauchzehen
1 Zwiebel
75 g Pinienkerne
2–3 EL Aceto balsamico
75 ml Olivenöl
75 g geriebener Parmesankäse
Salz, Pfeffer aus der Mühle
1 Prise Zucker
1 Prise Cayennepfeffer

Außerdem:
Tomatenstücke und Bärlauchstreifen zum Garnieren

Zubereitung:

1. Die Spaghetti im Salzwasser mit dem Olivenöl bissfest garen, abgießen, abschrecken und gut abtropfen lassen.

2. Das Basilikum und den Bärlauch verlesen, waschen, gut abtropfen lassen und fein schneiden.

3. Die Knoblauchzehen und die Zwiebel schälen und fein würfeln.

4. Die Kräuter mit dem Knoblauch, der Zwiebel, den Pinienkernen und dem Aceto balsamico im Mixer oder mit dem Pürierstab pürieren.

5. Anschließend das Kräuterpüree mit dem Olivenöl in eine Pfanne geben und erhitzen.

6. Die Spaghetti hinzufügen, durchschwenken, erhitzen und den geriebenen Parmesankäse untermischen. Das Ganze mit Salz, Pfeffer, Zucker und Cayennepfeffer kräftig abschmecken.

7. Die Spaghetti mit Bärlauchpesto dekorativ anrichten, mit Tomatenstücken und Bärlauchstreifen garnieren und sofort servieren.

Bärlauchknödel
auf Tomatensoße

Zutaten für 4 Personen:

Für die Knödel:
200 g Bärlauch
Salzwasser oder Gemüsebrühe zum Blanchieren
500 g gekochte Kartoffeln
1 Ei, 1 Eigelb, 150 g Mehl
Salz, weißer Pfeffer aus der Mühle, 1 Prise Muskat
Gemüsebrühe zum Garen

Für die Tomatensoße:
2 Knoblauchzehen
1 Zwiebel
1–2 EL Olivenöl
2–3 EL Tomatenmark
400 g Tomaten
200 ml Gemüsebrühe
1 Prise Zucker

Außerdem:
1 EL Butter
2 EL Semmelbrösel
Bärlauch zum Garnieren

Zubereitung:

1. Den Bärlauch verlesen und unter fließendem Wasser waschen. Salzwasser oder Gemüsebrühe in einem Topf erhitzen, den Bärlauch darin kurz blanchieren, herausnehmen, gut abtropfen lassen und hacken.

2. Die Kartoffeln pellen, durch die Kartoffelpresse treiben, mit dem Bärlauch, dem Ei, dem Eigelb und dem gesiebten Mehl in eine Schüssel geben und alles zu einer kompakten Masse verarbeiten. Mit Salz, Pfeffer und Muskat würzen.

3. Aus der Kartoffelmasse Knödel abdrehen. Gemüsebrühe in einem Topf erhitzen und die Bärlauchknödel darin bei mäßiger Hitze in 8–10 Minuten gar ziehen lassen.

4. Für die Tomatensoße die Knoblauchzehen und die Zwiebel schälen und fein würfeln. Das Olivenöl in einem Topf erhitzen, den Knoblauch und die Zwiebel dazugeben und glasig schwitzen.

5. Das Tomatenmark einrühren. Die enthäuteten, entkernten und in Würfel geschnittenen Tomaten und 200 ml Gemüsebrühe angießen, aufkochen und kurz einreduzieren lassen. Die Tomatensoße mit Salz, Pfeffer und Zucker abrunden.

6. Die Butter in einer Pfanne zerlassen und die Semmelbrösel darin goldbraun rösten. Die Tomatensoße auf heiße Teller geben, die Bärlauchknödel dekorativ einsetzen, die Bröselbutter auf den Knödeln verteilen, das Ganze mit Bärlauch garnieren und sofort servieren.

Bärlauchspargel
mit Räucherlachs

Zutaten für 4 Personen:

Für den Spargel:
1,5–1,6 kg grüner oder weißer Spargel
Salzwasser oder Gemüsebrühe zum Garen
50 g Butter
1 unbehandelte Zitrone
1 TL Zucker
Salz, weißer Pfeffer aus der Mühle, 1 Prise Muskat

Für die Soße:
100 g Butter, 1 Schalotte
Saft von 1 Zitrone
1 Prise Zucker
50 g Bärlauch

Außerdem:
400 g Räucherlachs
4 Portionen kleine, möglichst gleich große, gekochte, neue Kartoffeln

Zubereitung:

1. Den Spargel putzen, dünn schälen und die unteren Enden abschneiden. Die Spargelstangen portionsweise zusammenbinden.

2. Salzwasser oder Gemüsebrühe mit der Butter, der halbierten Zitrone und dem Zucker in einem Topf zum Kochen bringen.

3. Den Sud mit Salz, weißem Pfeffer und Muskat würzen, den Spargel einlegen und in ca. 12 Minuten bissfest garen.

4. Die Butter in einer Pfanne schmelzen lassen.

5. Die Schalotte schälen, würfeln, ins Fett geben und kurz dünsten.

6. Den Zitronensaft in die Butter einrühren, mit Salz, Pfeffer und Zucker würzen.

7. Den Bärlauch verlesen, waschen, klein schneiden, mit dem Spargel in die Butter geben, durchschwenken und erhitzen.

8. Den Räucherlachs auf Tellern dekorativ anrichten, den Bärlauchspargel dazugeben und mit in Butter geschwenkten neuen Kartoffeln sofort servieren.

Paprikaschoten
mit Bärlauchfüllung

Zutaten für 4 Personen:

Für die Füllung:
500 g Brät, 1 Ei
1 Schuss Sahne
½ TL geriebene Zitronenschale
50 g geriebener Parmesankäse
2 Frühlingszwiebeln
50 g Bärlauch
Salz, Pfeffer aus der Mühle
1 Prise Muskat
1 Prise Cayennepfeffer

Außerdem:
4 bunte Paprikaschoten
1 Zwiebel
2 Knoblauchzehen
1 EL Butter
1 Dose Pizzatomaten (400 g)
200 ml Gemüsebrühe
1 TL Oregano
dunkler Soßenbinder zum Binden
Bärlauchblätter zum Garnieren
50 g frisch gehobelter Parmesankäse

Zubereitung:

1. Für die Füllung das Brät mit dem Ei und der Sahne sowie der Zitronenschale in eine Schüssel geben, abschlagen und den Parmesankäse dazugeben.

2. Die Frühlingszwiebeln putzen, waschen, fein würfeln, den Bärlauch verlesen, waschen, fein hacken, mit den Frühlingszwiebeln zum Brät geben und alles gut miteinander vermischen.

3. Die Füllung mit Salz, Pfeffer, Muskat und Cayennepfeffer kräftig abschmecken. Die Paprikaschoten halbieren, entkernen, waschen und gut abtropfen lassen. Die Brätmasse einfüllen und die gefüllten Paprikaschoten in eine Auflaufform setzen.

4. Die Zwiebel und die Knoblauchzehen schälen und beides fein würfeln. Die Butter in einer Pfanne erhitzen und die Zwiebel- und Knoblauchwürfel darin glasig schwitzen.

5. Die Pizzatomaten und die Gemüsebrühe angießen, das Ganze zum Kochen bringen, den Oregano einrühren und die Soße mit Salz, Pfeffer und Cayennepfeffer kräftig würzen.

6. Die Soße zu den Paprikaschoten geben und diese in dem auf 180 °C vorgeheizten Backofen 30–35 Minuten garen.

7. Nach Ende der Garzeit die gefüllten Paprikaschoten aus der Soße nehmen. Die Soße einmal aufkochen lassen, mit dunklem Soßenbinder leicht binden und nochmals nachwürzen.

8. Die Paprikaschoten mit der Soße auf Bärlauchblättern dekorativ anrichten, mit frisch gehobeltem Parmesankäse bestreuen und sofort servieren.

Bärlauchravioli
mit Ricottafüllung

Zutaten für 4 Personen:

Für die Ravioli:
250 g Mehl, 2 Eier
1 Prise Salz, 4 EL Olivenöl
1 Zwiebel, 2 Knoblauchzehen
100 g Bärlauch
Salz, Pfeffer aus der Mühle
Cayennepfeffer, Muskat
250 g Ricotta
50 g Pecorino-Käse
Semmelbrösel zum Binden

Außerdem:
Salzwasser oder Gemüsebrühe zum Garen
100 ml Olivenöl
250 g Kirschtomaten
2–3 EL weißer Balsamicoessig
30 g Bärlauch
Kräuterzweige zum Garnieren

Zubereitung:

1. Das Mehl mit den Eiern, dem Salz und 3 EL Öl zu einem Nudelteig verarbeiten.

2. Den Teig mit der Nudelmaschine auswellen. Den hauchdünn ausgewellten Teig auf eine Arbeitsfläche legen und Kreise (8–10 cm Ø) ausstechen.

3. Für die Füllung 1 EL Olivenöl erhitzen. Die Zwiebel und die Knoblauchzehen schälen, würfeln, ins Fett geben und glasig schwitzen.

4. Den Bärlauch verlesen, waschen, grob schneiden, zu den Knoblauchzwiebeln geben und kurz dünsten.

5. Mit Salz, Pfeffer, Cayennepfeffer und Muskat abschmecken. Die Masse vom Herd nehmen.

6. Den Ricotta und den Pecorino-Käse einrühren und gut vermischen. Mit Semmelbröseln leicht binden.

7. Die Füllung auf den Teigkreisen verteilen, diese zusammenklappen und die Ränder gut andrücken. Salzwasser oder Gemüsebrühe zum Kochen bringen.

8. Die Ravioli darin bissfest garen, herausnehmen, gut abtropfen lassen und warm stellen.

9. Das Öl erhitzen. Die Kirschtomaten waschen, vom Strunk befreien, halbieren, ins Öl geben und kurz dünsten.

10. Mit weißem Balsamicoessig verfeinern, mit Salz, Pfeffer und Cayennepfeffer würzen.

11. Den Bärlauch verlesen, waschen, klein schneiden und mit den Ravioli zu den Tomaten geben. Das Ganze durchschwenken, erhitzen, dekorativ anrichten, mit Kräuterzweigen garnieren und sofort servieren.

Bärlauchpüree
mit Speckböhnchen

Zutaten für 4 Personen:

600 g grüne Bohnen
Gemüsebrühe zum Garen
200 g durchwachsener, geräucherter, in dünne Scheiben geschnittener Speck
200 g Kirschtomaten
600 g heiße Pellkartoffeln
100 g Magerquark
50 g Bärlauch
50 ml heiße Milch
Salz, Pfeffer aus der Mühle
1 Prise Muskat

Außerdem:
4 Portionen gebundene Bratensoße
Bärlauchblätter zum Garnieren

Zubereitung:

1. Die grünen Bohnen verlesen, waschen, gut abtropfen lassen.

2. Die Gemüsebrühe erhitzen und die Bohnen darin bissfest garen.

3. Herausnehmen, abtropfen lassen und jeweils 6–8 Bohnen in eine Speckscheibe einwickeln.

4. Die Kirschtomaten waschen, gut abtropfen lassen, den Strunk herausschneiden und die Tomaten halbieren oder vierteln.

5. Die Pellkartoffeln schälen und durch die Kartoffelpresse treiben.

6. Den Magerquark mit dem verlesenen, gewaschenen, fein gehackten Bärlauch und der heißen Milch zur Kartoffelmasse geben und zu einem Püree verarbeiten.

7. Das Püree mit Salz, Pfeffer und Muskat kräftig würzen.

8. Die Speckböhnchen in einer Pfanne kurz braten, die restlichen grünen Bohnen und Tomaten dazugeben und erhitzen. Mit Salz und Pfeffer würzen.

9. Das Kartoffelpüree mit den Speckböhnchen, den Bohnen, den Tomaten und der erhitzten Bratensoße dekorativ anrichten, mit Bärlauch garnieren und sofort servieren.

Gemüsestrudel
mit Bärlauch

Zutaten für 4 Personen:

Für den Teig:
250 g Mehl
1 Prise Salz
1 TL Olivenöl, 1 Ei
150 ml lauwarme, fettarme Milch

Für die Füllung:
750 g Karotten
150 g Lauch
150 g Chinakohl
2 Zwiebeln
1 Knoblauchzehe
50 ml Gemüsebrühe
Salz, Pfeffer aus der Mühle
1 Prise Cayennepfeffer
1 EL gerebelter Majoran
1 TL gerebelter Thymian
einige Tropfen Zitronensaft
einige Tropfen Worcestersoße
100 g Bärlauch
250 g Quark
75 g frisch geriebener Parmesankäse
50 g gehackte Pistazien

Außerdem:
30 g zerlassene Butter
25 g gehackte Pistazien
Bärlauchblätter und Kirschtomaten zum Garnieren

Zubereitung:

1. Das Mehl mit dem Salz auf eine Arbeitsfläche sieben und eine Mulde eindrücken. Das Olivenöl, das Ei und die lauwarme Milch dazugeben und die Zutaten mit bemehlten Händen von außen nach innen schnell zu einem glatten, kompakten Teig verkneten.

2. Den Teig zugedeckt 30 Minuten ruhen lassen. Die Karotten schälen und in Würfel schneiden. Den Lauch und den Chinakohl putzen, waschen und in Streifen schneiden.

3. Die Zwiebeln und die Knoblauchzehe schälen, fein würfeln und in einer beschichteten Pfanne anschwitzen. Mit der Gemüsebrühe ablöschen. Das Gemüse hinzufügen und unter ständigem Rühren bissfest garen. Mit Salz, Pfeffer, Cayennepfeffer, Majoran, Thymian, Zitronensaft und Worcestersoße abschmecken und vom Herd nehmen.

4. Den Bärlauch verlesen, waschen, abtropfen lassen und fein schneiden. Das Gemüse in eine Schüssel geben, den Quark, den Parmesan, die Pistazien und den Bärlauch dazugeben und unterrühren. Den Strudelteig auf einem Küchentuch hauchdünn ausrollen, die Gemüsemasse darauf verteilen und den Teig mithilfe des Küchentuches zu einem Strudel zusammenrollen.

5. Den Gemüsestrudel auf ein mit Backpapier belegtes Backblech setzen und in dem auf 180–200 °C vorgeheizten Backofen 30 Minuten backen. Anschließend herausnehmen, mit der Butter bestreichen, mit den Pistazien bestreuen und nochmals 10–15 Minuten backen. Nach Ende der Garzeit den Gemüsestrudel herausnehmen, in Scheiben schneiden, auf Tellern dekorativ anrichten, mit Bärlauchblättern und Kirschtomaten garnieren und sofort servieren.

Spargel
mit Bärlauchhollandaise

Zutaten für 4 Personen:

1 kg Spargel, Salzwasser zum Garen, 1 EL Butter
1 Stück unbehandelte Zitrone

Für die Soße:
200 ml Weißwein
1 Zwiebel oder 2 Schalotten
1 TL Pfefferkörner
1–2 Lorbeerblätter, 6 Eigelb
Salz, weißer Pfeffer aus der Mühle, 250 g Butter
50 g Bärlauch
Bärlauchblätter zum Garnieren

Zubereitung:

1. Den Spargel dünn schälen und die unteren Enden abschneiden. Reichlich Salzwasser in einem Topf erhitzen, die Butter und die Zitrone hineingeben. Den Spargel darin bissfest garen, herausnehmen, gut abtropfen lassen und warm stellen.

2. Den Weißwein mit der geschälten, in grobe Würfel geschnittenen Zwiebel oder den Schalotten, den Pfefferkörnern und den Lorbeerblättern in einem Topf zum Kochen bringen und bei mäßiger Hitze auf die Hälfte einreduzieren lassen.

3. Den Wein durch ein Sieb in eine feuerfeste Schüssel gießen, abkühlen lassen und die Eigelbe mit dem Schneebesen einrühren.

4. Die Masse im Wasserbad schaumig schlagen. Mit Salz und weißem Pfeffer würzen.

5. In der Zwischenzeit die Butter in einen Topf geben, bei mäßiger Hitze schmelzen, vom Herd nehmen und leicht abkühlen lassen.

6. Die zerlassene, lauwarme Butter vorsichtig in dünnem Strahl unter die Sauce hollandaise ziehen. Den Bärlauch verlesen, waschen, fein schneiden und unter die fertige Hollandaise ziehen.

7. Den Spargel mit der Bärlauchhollandaise auf Tellern dekorativ anrichten, mit Bärlauchblättern garnieren und mit Salzkartoffeln und Schinkenröllchen sofort servieren.

Zutaten für 4 Personen:

Backpapier für die Form
2 Packungen à 400 g Tagliatelle aus dem Kühlregal
200 g gekochter Schinken
400 g Mischgemüse (TK-Produkt)

Für den Guss:
250 ml Gemüsebrühe
250 ml Milch, 5 Eier
100 g Schmelzkäse
Salz, Pfeffer aus der Mühle
1 Prise Muskat
1 TL Paprikapulver
200 g geriebener Gratinkäse

Für die Bärlauchsoße:
1 EL Butter, 100 g Schalotten
200 ml Gemüsebrühe
100 ml Weißwein
etwas Speisestärke
125 g Kräuter-Crème-fraîche
50 g Bärlauch

Außerdem:
Salatblätter, Zwiebelringe, Kirschtomaten und Bärlauch zum Garnieren

Zubereitung:

1. Eine Springform (26 cm Ø) mit Backpapier so auslegen, dass später keine Flüssigkeit austreten kann.

2. Die Tagliatelle unter heißem Wasser abspülen und in eine Schüssel geben.

3. Den Schinken in feine Würfel schneiden, mit dem aufgetauten Mischgemüse unter die Tagliatelle mischen und alles gleichmäßig in der Springform verteilen.

Nudeltorte

mit Bärlauchsoße

4. Für den Guss die Gemüsebrühe mit der Milch, den Eiern und dem Schmelzkäse in einer Schüssel glatt rühren. Mit Salz, Pfeffer, Muskat und Paprikapulver würzen und das Ganze auf der Nudeltorte verteilen.

5. Den Gratinkäse darauf verteilen und die Nudeltorte im auf 180–200 °C vorgeheizten Backofen 60 Minuten garen. Nach 20 Minuten mit Alufolie abdecken.

6. Die Butter in einer Pfanne erhitzen und die geschälten, fein gehackten Schalotten darin anschwitzen. Die Brühe und den Weißwein angießen und fünf Minuten kochen.

7. Das Ganze mit der Speisestärke leicht binden, die Kräuter-Crème-fraîche einrühren und den verlesenen, gewaschenen, grob zerkleinerten Bärlauch mit dem Mixer oder mit dem Pürierstab einmixen.

8. Nach Ende der Garzeit die Nudeltorte herausnehmen, mit der Bärlauchsoße dekorativ anrichten, mit Salatblättern, Zwiebelringen, Kirschtomaten und Bärlauchstreifen garnieren und sofort servieren.

Gefüllte Käseschnitzel
mit Bärlauch

Zutaten für 4 Personen:

4 Schweineschnitzel
à 180–200 g
200 g geriebener Käse
50 g Bärlauch
Zahnstocher zum Feststecken
2 EL Mehl
3 Eier
150 g Semmelbrösel

Außerdem:
Öl zum Braten
Bärlauchblätter und Zitronenschnitze zum Garnieren

Zubereitung:

1. Die Schweineschnitzel unter fließendem Wasser waschen, trocken tupfen, dünn klopfen, mit Salz und Pfeffer würzen und auf eine Arbeitsfläche legen.

2. Jedes Schnitzel mit geriebenem Käse und gewaschenem, fein geschnittenem Bärlauch belegen, zusammenklappen und mit je drei Zahnstochern feststecken.

3. Die Schnitzel in Mehl wenden, durch die Eier ziehen und mit Semmelbröseln panieren.

4. Reichlich Öl in einer Pfanne erhitzen und die Schnitzel darin auf beiden Seiten goldbraun braten.

5. Die Käseschnitzel auf Tellern dekorativ anrichten, mit Bärlauch und Zitronenschnitzen garnieren und mit Kroketten, Gemüse und Sahnesoße sofort servieren.

Bärlauch-Kasseler

Zutaten für 4 Personen:

1 kg Kasseler ohne Knochen
1–2 EL Butterschmalz
100 ml Rotwein
400 ml Bratenfond
1 EL Zuckerrübensirup
2–3 EL Obstessig

Außerdem:
100 g Bärlauch, 2 EL Honig
Saft von 1 Orange

Zubereitung:

1. Das küchenfertige Kasseler mit etwas Butterschmalz in einem Bräter rundherum Farbe nehmen lassen.

2. Den Rotwein und den Bratenfond angießen, den Zuckerrübensirup und den Obstessig einrühren und das Ganze im auf 180–200 °C vorgeheizten Backofen 8–10 Minuten garen.

3. In der Zwischenzeit den Bärlauch verlesen, waschen, fein schneiden und in eine Schüssel geben.

4. Den Honig und den Orangensaft hinzufügen und alles gut verrühren.

5. Das Kasseler mit der Bärlauchmischung überziehen und weitere 8–10 Minuten garen.

6. Das fertig gegarte Kasseler aus der Soße nehmen, die Soße nochmals abschmecken und anschließend auf heiße Teller geben.

7. Das Kasseler in Scheiben schneiden, dekorativ anrichten, garnieren und mit einem Rettich-Karotten-Gemüse sofort servieren.

Kartoffeltascherln
mit Bärlauchfüllung

Zutaten für 4 Personen:

Für den Teig:
600 g mehligkochende Kartoffeln
Salzwasser zum Garen
300 g Mehl, 1 Eigelb
Salz, Pfeffer aus der Mühle
1 Prise Muskat

Für die Füllung:
200 g Hüttenkäse
100 g geriebener Emmentaler
50 g Bärlauch

Außerdem:
1 Ei zum Bestreichen
Salzwasser oder Gemüsebrühe zum Blanchieren
Butter zum Braten
4 Portionen Tomatengemüse
Bärlauchblätter zum Garnieren

Zubereitung:

1. Für den Teig die Kartoffeln unter fließendem Wasser abbürsten, in einen Topf geben, Salzwasser angießen, den Topf verschließen, das Ganze zum Kochen bringen und die Kartoffeln in etwa 20 Minuten weich kochen.

2. Anschließend die Kartoffeln abgießen, leicht auskühlen lassen, pellen und durch die Kartoffelpresse treiben.

3. Das gesiebte Mehl mit dem Eigelb zu den Kartoffeln geben, mit Salz, Pfeffer und Muskat würzen und alles zu einem glatten, kompakten Teig verkneten.

4. Den Teig auf einer gut bemehlten Arbeitsfläche etwa ½ cm dick ausrollen und Kreise (10 cm Ø) ausstechen.

5. Für die Füllung den Hüttenkäse mit dem geriebenen Emmentaler und dem verlesenen, gewaschenen und fein gehackten Bärlauch vermischen, mit Salz, Pfeffer und Muskat würzen.

6. Das Ei in einer Schüssel verschlagen und die Ränder der Teigkreise damit bestreichen. Je einen Klacks der Füllung in die Mitte der Teigkreise geben, diese zu Täschchen zusammenklappen und die Ränder leicht andrücken.

7. Salzwasser oder Gemüsebrühe in einem Topf zum Kochen bringen, die Täschchen darin kurz blanchieren, herausnehmen und gut abtropfen lassen. Butter in einer Pfanne erhitzen und die Kartoffeltascherln darin goldgelb ausbacken.

8. Anschließend die Kartoffeltascherln mit dem Tomatengemüse auf Tellern dekorativ anrichten, mit Bärlauchblättern garnieren und sofort servieren.

Bärlauchmedaillons
mit Kohlrabi-Apfel-Gemüse

Zutaten für 4 Personen:

500 g Kohlrabi
2–3 süßsäuerliche Äpfel
Saft von 1 Zitrone
1 EL Butter, 1 Zwiebel
100 ml Weißwein
100 ml Gemüsebrühe
200 ml süße Sahne
Speisestärke zum Binden
Salz, Pfeffer aus der Mühle
Cayennepfeffer, Muskat
1 Prise Zucker, 4 cl Calvados

Außerdem:
8 Schweinemedaillons
à 80–100 g, 8 dünne Scheiben Frühstücksspeck
8 große Bärlauchblätter
1 EL Butterschmalz
Bärlauch zum Garnieren

Zubereitung:

1. Die Kohlrabi schälen und in Schnitze schneiden. Die Äpfel waschen, das Kerngehäuse mit einem Kernausstecher entfernen, die Äpfel in Schnitze schneiden und mit Zitronensaft beträufeln.

2. Die Butter in einer Pfanne erhitzen. Die Zwiebel schälen, in feine Würfel schneiden, ins Fett geben und glasig schwitzen.

3. Die Kohlrabi dazugeben und mitschwitzen. Den Weißwein, die Gemüsebrühe und die Sahne angießen, das Ganze zum Kochen bringen und bei mäßiger Hitze fünf Minuten köcheln lassen.

4. Die Apfelschnitze in die Soße geben und weitere drei bis vier Minuten garen.

5. Das Gemüse mit angerührter Speisestärke leicht binden. Mit Salz, Pfeffer, Cayennepfeffer, Muskat und Zucker abschmecken und mit Calvados aromatisieren.

6. Die küchenfertigen Schweinemedaillons und die Bärlauchblätter unter fließendem Wasser waschen und trocken tupfen.

7. Die Schweinemedaillons mit Salz und Pfeffer würzen, in je ein Bärlauchblatt und eine Scheibe Frühstücksspeck wickeln und mit Zahnstochern feststecken.

8. Das Butterschmalz in einer Pfanne erhitzen, die Medaillons darin auf beiden Seiten anbraten. Anschließend die Medaillons im auf 180–200 °C vorgeheizten Backofen 10–12 Minuten garen.

9. Nach Ende der Garzeit die Bärlauchmedaillons mit dem Kohlrabi-Apfel-Gemüse dekorativ anrichten, mit Bärlauch garnieren und mit Spagetti sofort servieren.

Bärlauchfrikadellen

mit Kartoffelhaube

Zutaten für 4 Personen:

Für die Kartoffelhaube:
600 g gekochte Kartoffeln
100 g Schmand
2 Eigelb
25 g Bärlauch
Salz, Pfeffer aus der Mühle
1 Prise Muskat
1 Prise Cayennepfeffer

Für die Frikadellen:
800 g gemischtes Hackfleisch
2 altbackene, in Milch eingeweichte Brötchen
1 EL Butter, 1 Zwiebel
2 Knoblauchzehen
75 g Bärlauch, 2 Eier
2–3 EL mittelscharfer Senf
Semmelbrösel zum Binden
Fett zum Braten

Zubereitung:

1. Die Kartoffeln abgießen, pellen, durch die Kartoffelpresse treiben und in eine Schüssel geben.

2. Das Püree mit dem Schmand, den Eigelben und dem verlesenen, gewaschenen, fein geschnittenen Bärlauch verrühren.

3. Mit Salz, Pfeffer, Muskat und Cayennepfeffer abschmecken, das Püree in einen Spritzbeutel mit Sterntülle füllen und bereitstellen.

4. Das Hackfleisch mit den ausgedrückten Brötchen in eine Schüssel geben. Die Butter in einer Pfanne erhitzen.

5. Die Zwiebel und den Knoblauch schälen, fein würfeln, ins Fett geben und glasig schwitzen.

6. Den gewaschenen, fein geschnittenen Bärlauch hinzufügen, durchschwenken, vom Herd nehmen, leicht erkalten lassen und zum Hackfleisch geben.

7. Die Eier und den Senf dazugeben und das Ganze zu einer glatten Masse verarbeiten.

8. Mit Salz, Pfeffer und Cayennepfeffer würzen und mit Semmelbröseln leicht binden.

9. Aus der Masse Frikadellen abdrehen. Fett in einer Pfanne erhitzen und die Frikadellen darin braten.

10. Die Frikadellen herausnehmen und in eine feuerfeste Form setzen. Auf jede Frikadelle aus der Kartoffelmasse eine Rosette aufspritzen und das Ganze im auf 180–200 °C vorgeheizten Backofen 10–15 Minuten backen.

11. Die Bärlauchfrikadellen mit Kartoffelhaube dekorativ anrichten, mit Kräuterzweigen garnieren und mit Erbsen-Karotten-Gemüse sofort servieren.

Steaks mit
Bärlauchbutter

Zutaten für 4 Personen:

Für die Kartoffeln:
800 g neue Kartoffeln
1 EL Olivenöl
2 TL grobes Salz
2 TL grob gemahlener Pfeffer
4 Tomaten

Für die Butter:
250 g Butter
Saft von 1 Zitrone
1–2 EL mittelscharfer Senf
1 EL grüner Pfeffer aus dem Glas, 30 g Bärlauch
Salz, Pfeffer aus der Mühle
Muskat, Cayennepfeffer

Außerdem:
8 Rindersteaks à 100 g
Butterschmalz zum Braten
Bärlauch zum Garnieren

Zubereitung:

1. Die Kartoffeln waschen, in eine Auflaufform setzen, mit dem Öl beträufeln, mit dem Salz und dem Pfeffer kräftig würzen und im auf 180–200 °C vorgeheizten Backofen 30 Minuten garen.

2. Die Tomaten mit Salz und Pfeffer würzen, zu den Kartoffeln geben und weitere 20 Minuten garen.

3. Butter und Zitronensaft in einer Schüssel schaumig schlagen. Den Senf und den Pfeffer mit dem verlesenen, gewaschenen und sehr fein geschnittenen Bärlauch unter die Butter mischen. Mit Salz, Pfeffer, Muskat und Cayennepfeffer kräftig würzen.

4. Die Bärlauchbutter auf ein Stück Alufolie geben, zur Rolle formen und bis zum Verzehr im Kühlschrank aufbewahren.

5. Die Steaks unter fließendem Wasser waschen, trocken tupfen, mit Salz, Pfeffer und Cayennepfeffer kräftig würzen und im erhitzten Schmalz braten.

6. Die Kartoffeln und die Tomaten aus dem Ofen nehmen, mit den Steaks auf Tellern dekorativ anrichten, mit Bärlauch garnieren und mit der Bärlauchbutter sofort servieren.

Bärlauch-Filetspieße

Zutaten für 4 Personen:

600 g Schweinefilet
250 g Kirschtomaten

Für die Marinade:
3 Knoblauchzehen
75 g Bärlauch
je 3 Zweige Rosmarin und Basilikum
100 ml Olivenöl
Salz, Pfeffer aus der Mühle

Außerdem:
Kräuterzweige zum Garnieren

Zubereitung:

1. Das küchenfertige Schweinefilet unter fließendem Wasser waschen, trocken tupfen und in grobe Würfel schneiden.

2. Die Kirschtomaten waschen, abwechselnd mit den Fleischwürfeln auf Spieße stecken und diese in eine Schüssel legen.

3. Die Knoblauchzehen schälen und fein hacken. Die Kräuter verlesen, waschen und fein schneiden.

4. Die Kräuter mit dem Knoblauch und dem Olivenöl verrühren und die Spieße damit bestreichen. Mit Salz und Pfeffer kräftig würzen und im Kühlschrank mindestens zwei Stunden marinieren.

5. Die Filetspieße aus der Marinade nehmen und in einer Pfanne oder auf dem Grill garen. Herausnehmen, dekorativ anrichten, mit Kräuterzweigen garnieren und sofort servieren.

Putenrollbraten
mit Bärlauch-Frischkäsefüllung

Zutaten für 4 Personen:

1,2 kg Putenbrust (vom Metzger zum Rollen vorbereiten lassen)
Salz, Pfeffer aus der Mühle

Für die Füllung:
1–2 EL Butter
1 Zwiebel
2 Frühlingszwiebeln
50 g Bärlauch
1 Packung Doppelrahmfrischkäse
1 EL Dijonsenf, 1 Ei
3–4 EL Semmelbrösel zum Binden

Außerdem:
2–3 EL Butterschmalz
400 ml Gemüse- oder Geflügelbrühe
100 ml Weißwein
100 g Crème fraîche
Speisestärke zum Binden
50 g gemischte, gehackte Kräuter (Zitronenmelisse, Minze, Kerbel, Bärlauch)
Bärlauch und Kirschtomaten zum Garnieren

Zubereitung:

1. Die vorbereitete Putenbrust unter fließendem Wasser waschen, trocken tupfen und auf eine Arbeitsfläche legen. Mit Salz und Pfeffer innen und außen würzen. Für die Füllung die Butter in einer Pfanne erhitzen. Die Zwiebel schälen, fein würfeln, ins Fett geben und glasig schwitzen.

2. Die Frühlingszwiebeln putzen, waschen und in Scheiben schneiden. Den Bärlauch verlesen, waschen, fein schneiden, mit den Frühlingszwiebeln zu den Zwiebelwürfeln geben und kurz dünsten. Das Gemüse vom Herd nehmen und in eine Schüssel geben. Den Doppelrahmfrischkäse, den Dijonsenf und das Ei dazugeben, alles gut verrühren, mit Salz und Pfeffer würzen und mit Semmelbröseln leicht binden.

3. Die Masse gleichmäßig auf dem Fleisch verteilen, glatt streichen, die Putenbrust zusammenrollen und mit Küchenschnur binden. Das Butterschmalz in einem Bräter erhitzen. Den Putenrollbraten darin rundherum Farbe nehmen lassen, in den auf 180–200 °C vorgeheizten Backofen schieben und 40–50 Minuten garen.

4. Während der Garzeit öfter mit Gemüse- oder Geflügelbrühe und Weißwein ablöschen. Nach Ende der Garzeit den Braten aus der Soße nehmen und warm stellen.

5. Den restlichen Weißwein, die Gemüse- oder Geflügelbrühe und die Crème fraîche dazugeben und die Soße einmal aufkochen lassen.

6. Die Soße mit etwas angerührter Speisestärke leicht binden. Zum Schluss die verlesenen, gewaschenen und fein geschnittenen Kräuter einrühren und die Soße mit Salz und Pfeffer kräftig würzen.

7. Den Putenrollbraten in Scheiben schneiden, mit der Soße dekorativ anrichten, mit Bärlauch und Kirschtomaten garnieren und mit Nudeln sofort servieren.

Lammnuss
mit grüner Soße

Zutaten für 4 Personen:

1 kg küchenfertige Lammnuss
1–1 ½ l Lammfond oder Fleischbrühe, 150 ml Weißwein
1 Bund Suppengemüse (Sellerie, Karotten, Lauch, Zwiebeln)
4–6 Knoblauchzehen
Salz, Pfeffer aus der Mühle
2 Lorbeerblätter
einige Pfefferkörner
einige Wacholderbeeren
200 ml süße Sahne
2 EL Butter
50 g gemischte, gehackte Kräuter (Kerbel, Estragon, Petersilie, Bärlauch)
einige Tropfen Zitronensaft
Speisestärke zum Binden
Bärlauch zum Garnieren

Zubereitung:

1. Die küchenfertige Lammnuss unter fließendem Wasser waschen, trocken tupfen und bereitstellen.

2. Den Lammfond oder die Fleischbrühe mit dem Weißwein in einen Topf geben und zum Kochen bringen.

3. Das Gemüse putzen, waschen und in grobe Stücke schneiden.

4. Die Knoblauchzehen schälen, je nach Bedarf halbieren oder vierteln und mit dem Gemüse und dem Fleisch in den Sud geben.

5. Den Sud salzen, die Lorbeerblätter, die Pfefferkörner und die Wacholderbeeren hinzufügen und das Ganze bei mäßiger Hitze 60–70 Minuten garen.

6. Nach Ende der Garzeit die Lammnuss herausnehmen und warm stellen.

7. Vom Lammsud 375 ml abmessen, durchseihen, in einen Topf geben und kurz einreduzieren lassen.

8. Die Sahne, die Butter und die gewaschenen, gehackten Kräuter untermischen. Die Soße mit Zitronensaft, Salz und Pfeffer kräftig abschmecken und mit angerührter Speisestärke leicht binden.

9. Die Lammnuss in Scheiben schneiden, mit der grünen Soße und Bratkartoffeln dekorativ anrichten, mit Bärlauchstreifen garnieren und sofort servieren.

Zutaten für 4 Personen:

Schnitzel mit Bärlauchfüllung

4 Kalbsschnitzel à 180 g
Salz, Pfeffer aus der Mühle
100 g Bärlauch
Salzwasser oder Gemüsebrühe zum Blanchieren
1 EL Butter, 1 Knoblauchzehe
100 g geriebener Emmentaler
1 Prise Muskat, Zahnstocher
Mehl zum Wenden, 2–3 Eier
150–200 g Semmelbrösel

Außerdem:
Butterschmalz zum Braten
Basilikumblättchen zum Garnieren

Zubereitung:

1. Die Kalbsschnitzel unter fließendem Wasser waschen, trocken tupfen, dünn klopfen, mit Salz und Pfeffer würzen und auf eine Arbeitsfläche legen.

2. Für die Füllung den Bärlauch verlesen, waschen, gut abtropfen lassen und grob hacken. Salzwasser oder Gemüsebrühe in einem Topf erhitzen und den Bärlauch darin blanchieren.

3. Den Bärlauch herausnehmen, in Eiswasser abschrecken, abtropfen lassen und bereitstellen. Die Butter erhitzen. Die geschälte Knoblauchzehe hacken, ins Fett geben und glasig schwitzen.

4. Den Bärlauch dazugeben, kurz mitschwitzen, vom Herd nehmen und leicht erkalten lassen. Den geriebenen Emmentaler untermischen und das Ganze mit Salz, Pfeffer und Muskat würzen. Die Füllung auf die Kalbsschnitzel verteilen, diese zusammenklappen und mit Zahnstochern feststecken.

5. Die gefüllten Schnitzel zuerst in Mehl wenden, anschließend durch die verschlagenen Eier ziehen und mit den Semmelbröseln panieren.

6. Das Butterschmalz in einer Pfanne erhitzen und die panierten Schnitzel darin auf beiden Seiten goldgelb ausbacken.

7. Die fertigen Schnitzel dekorativ anrichten, mit Basilikumblättchen garnieren und mit geschmorten Tomaten sofort servieren.

Flammkuchen
mit Bärlauch

Zutaten für 4 Personen:

Für den Hefeteig:
250 g Mehl
160 ml warmes Wasser
20 g Frischhefe
1 TL Zucker, ½ TL Salz
Backpapier für das Blech

Für den Belag:
1 EL Olivenöl
150 g durchwachsener, geräucherter Speck
2 Zwiebeln
1 große Stange Lauch
50 g Bärlauch
Salz, Pfeffer aus der Mühle
Muskat, Cayennepfeffer

Außerdem:
Bärlauch zum Bestreuen

Zubereitung:

1. Das Mehl in eine Schüssel sieben, eine Mulde eindrücken und das Wasser angießen. Die zerbröckelte Hefe, Zucker und das Salz darüberstreuen. Die Zutaten zu einem glatten Teig verkneten.

2. Den Teig auf einer bemehlten Arbeitsfläche ausrollen, auf ein mit Backpapier belegtes Backblech legen und einen kleinen Rand hochziehen.

3. Das Olivenöl erhitzen, den in dünne Streifen geschnittenen Speck darin kurz anbraten. Die Zwiebeln schälen, den Lauch putzen, waschen und beides in Streifen schneiden. Zum Speck geben und anschwitzen.

4. Den klein geschnittenen Bärlauch hinzufügen und die Masse mit Salz, Pfeffer, Muskat und Cayennepfeffer würzen. Vom Herd nehmen und abkühlen lassen.

5. Die Masse gleichmäßig auf dem Teig verteilen und im auf 200 °C vorgeheizten Backofen ca. 25 Minuten backen. In Stücke schneiden und sofort servieren.

Zutaten für 4 Personen:

Gefüllter Lauch

auf Tomatensoße

2 dicke Stangen Lauch
Gemüsebrühe zum Garen
400 g Frischkäse
2 Eigelb
50 g Bärlauch
Salz, Pfeffer aus der Mühle
Muskat, Cayennepfeffer
1 EL Olivenöl, 2 rote Zwiebeln
2 EL Tomatenmark
800 g Tomaten
je einige Zweige Rosmarin und Basilikum, 1 Prise Zucker
Butter für die Form

Zubereitung:

1. Den Lauch putzen, die Wurzelenden und die oberen Blätter abschneiden.

2. Gemüsebrühe zum Kochen bringen und den Lauch darin fünf Minuten garen. Herausnehmen, abtropfen lassen und der Länge nach so aufschneiden, dass die Blätter noch zusammenhängen.

3. Den Frischkäse mit den Eigelben und dem fein geschnittenen Bärlauch in einer Schüssel verrühren. Mit Salz, Pfeffer, Muskat und Cayennepfeffer kräftig würzen und den Lauch damit füllen.

4. Das Olivenöl erhitzen. Die Zwiebeln schälen, würfeln, ins Öl geben und glasig schwitzen.

5. Das Tomatenmark einrühren. Die Tomaten enthäuten, entkernen, würfeln, zu den Zwiebeln geben und kurz mitschwitzen.

6. Die Kräuter verlesen, waschen, klein schneiden und zu den Tomaten geben. Mit Salz, Pfeffer, Cayennepfeffer und Zucker würzen und in eine ausgefettete Auflaufform füllen.

7. Die Lauchstücke einsetzen und im auf 200 °C vorgeheizten Backofen 20 Minuten garen. Den gefüllten Lauch dekorativ anrichten und sofort servieren.

Hähnchenbrust
mit Bärlauchkruste

Zutaten für 4 Personen:

4 Hähnchenbrustfilets
Salz, Pfeffer aus der Mühle
2 EL Sonnenblumenöl

Für die Kruste:
4 EL Semmelbrösel, 2 EL Grieß
50 g Bärlauch
1 EL geriebene Zitronenschale
100 g weiche Butter
50 g frisch geriebener Parmesankäse

Für die Soße:
100 g Schalotten, 2 EL Butter
100 ml Weißwein
300 ml Gemüse- oder Geflügelbrühe
weißer Soßenbinder zum Binden
125 g Crème fraîche mit Kräutern
2 EL gemischte, frisch gehackte Kräuter

Außerdem:
1 Tomate, Kirschtomatenhälften, Zitronenmelisseblättchen und Zitronenscheiben zum Garnieren

Zubereitung:

1. Die Hähnchenbrustfilets der Länge nach halbieren, unter fließendem Wasser waschen, trocken tupfen und mit Salz und Pfeffer kräftig würzen.

2. Das Sonnenblumenöl in einer Pfanne erhitzen, die Hähnchenbrustfilets darin auf beiden Seiten anbraten, herausnehmen und in eine Auflaufform setzen.

3. Die Semmelbrösel mit dem Grieß, dem verlesenen, gewaschenen und fein geschnittenen Bärlauch, der geriebenen Zitronenschale, der Butter und dem geriebenen Parmesankäse in eine Schüssel geben und alles miteinander verkneten.

4. Die Masse mit Salz und Pfeffer würzen, gleichmäßig auf den Hähnchenbrustfilets verstreichen und diese im auf 200 °C vorgeheizten Backofen 15 Minuten garen.

5. Für die Soße die Schalotten schälen und fein würfeln. Die Butter in einem Topf erhitzen und die Schalotten darin unter ständigem Rühren glasig schwitzen. Mit Weißwein ablöschen und die Gemüse- oder Geflügelbrühe angießen.

6. Das Ganze zum Kochen bringen und mit weißem Soßenbinder leicht binden. Die Crème fraîche und die gehackten Kräuter einrühren und die Soße mit Salz und Pfeffer abschmecken.

7. Die Soße auf heißen Tellern verteilen und die überbackenen Hähnchenbrustfilets dekorativ einsetzen. Das Ganze mit der in feine Würfel geschnittenen Tomate bestreuen, mit Kirschtomatenhälften, Zitronenmelisseblättchen und Zitronenscheiben garnieren und sofort servieren.

Bierkutscherpfanne
mit Bärlauch

Zutaten für 4 Personen:

400 g Kartoffeln
400 g Karotten
1 Zwiebel
2 Knoblauchzehen
1 EL Butterschmalz
500 g Nürnberger Rostbratwürstchen
1 große Stange Lauch
50 g Bärlauch
Salz, Pfeffer aus der Mühle
1 EL gerebelter Majoran
1 EL Kümmel

Außerdem:
1 Bund Petersilie

Zubereitung:

1. Die Kartoffeln und die Karotten schälen, waschen und grob raspeln. Die Zwiebel und die Knoblauchzehen schälen und fein würfeln.

2. Das Butterschmalz in einer großen Pfanne erhitzen, die Bratwürstchen darin braten, herausnehmen und warm stellen.

3. Das Gemüse ins verbliebene Bratfett geben und unter ständigem Rühren braten.

4. Den Lauch putzen, waschen, klein schneiden, hinzufügen und mitbraten.

5. Den verlesenen, gewaschenen und fein geschnittenen Bärlauch untermischen und das Ganze mit Salz, Pfeffer, Majoran und Kümmel kräftig würzen.

6. Die Rostbratwürstchen dazugeben und erhitzen. Die Bierkutscherpfanne anrichten, mit der verlesenen, gewaschenen und fein gehackten Petersilie bestreuen und sofort servieren.

Schweinerollbraten
mit Bärlauchfüllung

Zutaten für 4 Personen:

800 g Schweinerollbraten (vom Metzger zum Rollen vorbereiten lassen)
Salz, Pfeffer aus der Mühle
4 Knoblauchzehen
2 Schalotten, 1 EL Butter
50 g Bärlauch
2 EL Butterschmalz
2 Zwiebeln, 2 Karotten
1 Stück Lauch
300 ml Weißwein
300 ml Gemüse- oder Fleischbrühe
2 EL Zuckerrübensirup
1 EL dunkler Soßenbinder zum Binden

Außerdem:
Bärlauch zum Garnieren

Zubereitung:

1. Den Schweinerollbraten unter fließendem Wasser waschen, trocken tupfen, auf eine Arbeitsfläche legen und innen und außen mit Salz und Pfeffer würzen.

2. Die Knoblauchzehen schälen, fein würfeln oder in Scheiben schneiden. Die Schalotten schälen und fein würfeln.

3. Die Butter in einer Pfanne erhitzen. Knoblauch und Schalotten darin anschwitzen, vom Herd nehmen und den verlesenen, gewaschenen und fein geschnittenen Bärlauch untermischen.

4. Die Füllung gleichmäßig auf dem Fleisch verstreichen, diese zusammenrollen, mit Küchenschnur binden oder in ein Rollbratennetz geben.

5. Das Butterschmalz in einem Bräter erhitzen und den Schweinerollbraten darin rundherum Farbe nehmen lassen. Im auf etwa 200 °C vorgeheizten Backofen ca. 40 Minuten garen.

6. Die Zwiebeln und die Karotten schälen und in Würfel schneiden. Den Lauch putzen, waschen und klein schneiden. Das Gemüse zum Fleisch geben und kurz mitbraten.

7. Den Weißwein und die Brühe angießen, den Zuckerrübensirup einrühren und den Schweinerollbraten ca. 45 Minuten schmoren lassen.

8. Nach Ende der Garzeit den Braten herausnehmen und warm stellen. Die Soße durch ein Sieb passieren, aufkochen lassen und mit dem Soßenbinder binden.

9. Die Soße mit Salz und Pfeffer nochmals abrunden, mit dem in Scheiben geschnittenen Braten dekorativ anrichten, mit Bärlauch garnieren und mit Herzoginkartoffeln sofort servieren.

Lendenbraten
mit Bärlauchkruste

Zutaten für 4 Personen:

1 kg Lendenbraten
Salz, Pfeffer aus der Mühle
1 EL Kräuter der Provence
2 EL Butterschmalz

Für die Bärlauchkruste:
50 g Semmelbrösel
150 g geriebener Emmentaler
1 Knoblauchzehe
50 g Bärlauch
2 Eier
1 Prise Muskat

Außerdem:
Bärlauchblätter zum Garnieren

Zubereitung:

1. Den küchenfertigen Lendenbraten unter fließendem Wasser waschen, trocken tupfen, mit Salz, Pfeffer und Kräutern der Provence kräftig würzen.

2. Das Butterschmalz in einem Bräter erhitzen und das Fleisch darin kurz anbraten. Anschließend im auf ca. 200 °C vorgeheizten Backofen 15 Minuten braten.

3. Für die Bärlauchkruste die Semmelbrösel mit dem geriebenen Käse in eine Schüssel geben.

4. Die Knoblauchzehe schälen, fein hacken, mit dem verlesenen, gewaschenen und fein geschnittenen Bärlauch und den Eiern dazugeben und verrühren. Mit Salz, Pfeffer und Muskat würzen.

5. Die Masse gleichmäßig auf dem Lendenbraten verteilen und diesen weitere 25 Minuten garen.

6. Den Braten aus dem Ofen nehmen, in Scheiben schneiden, dekorativ anrichten, mit Bärlauchblättern garnieren und mit Zucchini-Tomaten-Gemüse, gebundener Bratensoße und Nudeln servieren.

Bärlauchrouladen
mit geschmolzenen Tomaten

Zutaten für 4 Personen:

4 Rinderrouladen à 150 g
Salz, Pfeffer aus der Mühle

Für die Füllung:
150 g Doppelrahmfrischkäse
4 Scheiben Toastbrot, 1 Ei
1 Bund Schnittlauch
50 g Bärlauch, 1 Prise Muskat
1 Prise Cayennepfeffer

Außerdem:
Butterschmalz zum Braten
2 Zwiebeln, 2 Knoblauchzehen
1 Bund Suppengemüse
300 ml Weißwein
300 ml Gemüse- oder Fleischbrühe
1 TL Pfefferkörner
1 TL Wacholderbeeren
2 Lorbeerblätter, dunkler Soßenbinder zum Binden
200 g Kirschtomaten
Kräuterzweige zum Garnieren

Zubereitung:

1. Die küchenfertigen Rinderrouladen unter fließendem Wasser waschen, trocken tupfen, mit Salz und Pfeffer kräftig würzen und auf eine Arbeitsfläche legen.

2. Für die Füllung den Frischkäse in eine Schüssel geben und glatt rühren. Das Toastbrot entrinden, grob reiben oder fein hacken, mit dem Ei, den verlesenen, gewaschenen und fein geschnittenen Kräutern zum Frischkäse geben und unterrühren.

3. Das Ganze mit Salz, Pfeffer, Muskat und Cayennepfeffer kräftig würzen. Die Masse auf die Rouladen streichen, diese zusammenrollen, mit Küchenschnur binden oder mit Rouladenklammern zusammenstecken.

4. Das Butterschmalz in einem Bräter erhitzen und die Rouladen darin rundherum Farbe nehmen lassen. Die Zwiebeln und die Knoblauchzehen schälen, würfeln, zu den Rouladen geben und kurz mitbraten.

5. Das Suppengemüse putzen, waschen, ebenfalls würfeln, zu den Rouladen geben und kurz mitbraten.

6. Mit Weißwein ablöschen, die Gemüse- oder Fleischbrühe angießen, die Gewürze dazugeben und das Ganze im auf 180 °C vorgeheizten Backofen 90 Minuten zugedeckt schmoren lassen. Anschließend die Rouladen aus der Soße nehmen und warm stellen.

7. Die Soße durch ein Sieb passieren, erneut erhitzen, mit dunklem Soßenbinder leicht binden, mit Salz und Pfeffer nochmals abrunden.

8. Die Kirschtomaten waschen, vom Strunk befreien und halbieren. Butterschmalz in einer Pfanne erhitzen, die Kirschtomaten darin kurz braten, mit Salz und Pfeffer würzen.

9. Die Rinderrouladen mit der Soße dekorativ anrichten, die geschmolzenen Tomaten auf die Soße setzen, mit Kräuterzweigen garnieren und sofort servieren.

Wiener Schnitzel
mit Bärlauchbutter

Zutaten für 4 Personen:

8 Kalbsschnitzel à 100 g
Salz, Pfeffer aus der Mühle
2 EL Mehl
2–3 Eier
150–200 g Semmelbrösel
Butterschmalz zum Braten

Für die Bärlauchbutter:
250 g Butter
Saft von 1 Zitrone
1–2 EL mittelscharfer Senf
30 g Bärlauch
1 Prise Muskat
1 Prise Cayennepfeffer

Außerdem:
Backpapier für das Blech
8 Zitronenscheiben
Salatblätter, Zwiebelringe und Kirschtomatenhälften zum Garnieren

Zubereitung:

1. Die küchenfertigen Kalbsschnitzel unter fließendem Wasser waschen, trocken tupfen, leicht klopfen, mit Salz und Pfeffer würzen und in Mehl wenden.

2. Die Schnitzel durch die verschlagenen Eier ziehen und mit den Semmelbröseln panieren.

3. Reichlich Butterschmalz in einer Pfanne erhitzen und die Schnitzel darin langsam auf beiden Seiten goldbraun braten.

4. Für die Bärlauchbutter die Butter mit dem Zitronensaft in eine Schüssel geben und schaumig schlagen. Den Senf mit dem verlesenen, gewaschenen und sehr fein geschnittenen Bärlauch unter die Butter mischen. Nochmals kräftig durchschlagen, mit Salz, Pfeffer, Muskat und Cayennepfeffer würzen.

5. Die Bärlauchbutter in einen Spritzbeutel mit Sterntülle füllen. Ein Backblech mit Backpapier belegen, die Butter in Rosetten aufspritzen und kühl aufbewahren.

6. Die Wiener Schnitzel auf heißen Tellern dekorativ anrichten. Jedes Schnitzel mit einer Zitronenscheibe belegen und darauf die Bärlauchbutter geben. Das Ganze mit Salatblättern, Zwiebelringen und Kirschtomatenhälften garnieren und mit Pommes frites und einem gemischten Salat sofort servieren.

Forellen
mit Bärlauchbutter

Zutaten für 4 Personen:

4 Forellen à 300 g
Saft von 1 Zitrone
einige Tropfen Worcestersoße
Salz, Pfeffer aus der Mühle
50 g Bärlauch
Mehl zum Wenden
Butterschmalz zum Braten

Außerdem:
100 g Butter
Saft von 1 Zitrone
100 ml Weißwein
50 g Bärlauch
Zitronenscheiben und Bärlauchblätter zum Garnieren

Zubereitung:

1. Die küchenfertigen Forellen unter fließendem Wasser waschen, trocken tupfen, mit Zitronensaft und Worcestersoße beträufeln, mit Salz und Pfeffer würzen und im Kühlschrank 10–15 Minuten ziehen lassen.

2. Die Forellen mit dem gewaschenen, klein geschnittenen Bärlauch füllen und in Mehl wenden. Butterschmalz in einer Pfanne erhitzen und die Forellen darin auf beiden Seiten braten.

3. Die Forellen herausnehmen und warm stellen.

4. Die Butter mit dem Zitronensaft und dem Weißwein ins verbliebene Bratfett geben und einmal aufkochen lassen.

5. Den verlesenen, gewaschenen und fein gehackten Bärlauch einrühren. Die Kräutersoße mit Salz, Pfeffer, Zitronensaft und Worcestersoße abschmecken.

6. Die Forellen dekorativ anrichten und mit der Soße überziehen. Mit Zitronenscheiben und Bärlauchblättern garnieren und mit Butterkartoffeln sofort servieren.

Pfefferlachs
mit Honig-Bärlauch-Soße

Zutaten für 4 Personen:

4 Lachsfilets à 200 g
Saft von 1 Zitrone
einige Tropfen Worcestersoße
Salz, Pfeffer aus der Mühle
1 EL schwarze Pfefferkörner
1 EL weiße Pfefferkörner
2 EL grüne Pfefferkörner
30 g Bärlauch
100 g Butter, 1 Zwiebel
125 ml trockener Wermut
200 ml süße Sahne
50 g Bärlauch, 1 EL Honig

Außerdem:
gebratene Kirschtomaten und Kräuter zum Garnieren

Zubereitung:

1. Die Lachsfilets unter fließendem Wasser waschen, trocken tupfen, mit Zitronensaft und Worcestersoße beträufeln, mit Salz und Pfeffer würzen und im Kühlschrank 10 Minuten ziehen lassen.

2. Die Pfefferkörner im Mörser schroten, mit den zerdrückten grünen Pfefferkörnern und dem verlesenen, gewaschenen und fein geschnittenen Bärlauch vermischen und die Lachsfilets damit einreiben.

3. Die Butter in einer Pfanne erhitzen, den Pfefferlachs darin auf beiden Seiten braten, herausnehmen und warm stellen. Die Zwiebel schälen, fein würfeln, ins verbliebene Bratfett geben und glasig schwitzen.

4. Den Wermut und die Sahne angießen und das Ganze kurz einreduzieren lassen. Den verlesenen, gewaschenen und fein geschnittenen Bärlauch mit dem Honig in die Soße einrühren. Die Soße mit Salz, Pfeffer, Zitronensaft und Worcestersoße abschmecken.

5. Die Soße auf heißen Tellern verteilen, den Pfefferlachs dekorativ einsetzen, mit gebratenen Kirschtomaten und Kräutern garnieren und sofort servieren.

Register

garant Verlag GmbH
Benzstraße 56
71272 Renningen
www.garant-verlag.de

ISBN 978–3–86766–637–4

Erfahren Sie mehr!